KB259695

9791164452736

# 대 통 령
# 문 재 인 의

**━━ 3년**

# 화 보 집

"우리의 삶이 나아지도록
더 열심히 뛰겠습니다"

─── 2020년 신년사에서

# 대 통 령
# 문 재 인 의
## 3년
# 화 보 집

더휴먼

존경하고 사랑하는 국민 여러분,
남은 2년, 더욱 단단한 각오로 국정에 임하겠습니다.
위기 극복의 DNA를 가진 우리 국민을 믿고, 담대하게 나아가겠습니다.

_ 2020년 5월 10일 청와대 춘추관, 취임 3주년을 맞은 문재인 대통령의 대국민 특별연설

한·중·일 3국은 수천 년 이웃입니다. 우리는 더 긴밀히 협력해야 하고
협력 속에서 함께 잘 사는 것이 우리가 걸어가야 할 길입니다.

– 2019년 12월 24일 쓰촨성 청두 세기성 국제회의센터, 한·중·일 정상회의

맹자는 천시天時는 지리地利만 못하고, 지리는 인화人和만 못하다고 했습니다.
한·중은 공동 번영할 수 있는 천시와 지리를 갖췄으니 인화만 더해진다면 함께 새로운 시대를 열 수 있습니다.

_ 2019년 12월 23일 베이징 인민대회당, 시진핑 중국 국가주석과의 정상회담

대한민국의 오늘을 있게 한 국가유공자들의 희생과 헌신에 경의를 표하고,
사랑하는 가족을 떠나보낸 슬픔을 감내하면서 그 뜻을 이어 애국의 마음을 지켜 오신
유가족 여러분께 깊은 위로와 존경의 마음을 바칩니다.

— 2019년 6월 4일 청와대 영빈관, 국가유공자 및 보훈가족 초청 오찬 행사

대한민국 남자 축구 역사상 첫 FIFA 결승전이었습니다.

"멋지게 놀고 나온", 경기를 마음껏 즐긴 우리 선수들이 자랑스럽습니다.

– 2019년 6월 19일, '2019 국제축구연맹(FIFA) U20 월드컵'에서 준우승을 한 축구대표팀과의 초청 만찬

정전선언이 있은 후 66년 만에 판문점에서 미국과 북한이 만납니다.
사상 최초로 미국과 북한의 정상이 분단의 상징 판문점에서 평화를 위한 악수를 하게 될 것입니다.
서로 소통하고 대화하면 최선의 상황으로 다가갈 수 있다는 것을 우리는 볼 수 있게 되었습니다.

_ 2019년 6월 29일, 대통령 내외가 G20 정상회의를 마치고 방한한 도널드 트럼프 미국 대통령을 환영하고 있다.
이튿날 트럼프 대통령과 김정은 위원장의 판문점 회담이 전격적으로 이뤄졌다.

주한외교단 여러분께서 비무장지대 평화의 길을 다녀오셨습니다.

지난 유엔총회 연설에서 저는 한반도 비무장지대를 국제평화지대로 만들자고 제안했습니다.

여러분이 직접 걸었던 평화의 길이 한반도 비핵화와 항구적 평화로 이어지는 길이 되도록 함께해 주시기를 희망합니다.

– 2019년 10월 18일 청와대 녹지원, 주한외교단 초청 리셉션

임기가 절반이 지났습니다. 평가는 전적으로 국민들에게 달려 있습니다.
우리가 옳은 방향으로 나아가고 있다는 확실한 믿음과 희망을 드리도록 노력하겠습니다.

— 2019년 11월 19일, 문재인 대통령이 서울 상암동 MBC에서 열린
〈2019 국민과의 대화, 국민이 묻는다〉에서 패널들의 질문에 답하고 있다.

질문 형식을 취했지만 여러분들이 저에게 많은 의견을 주신 것이라고 생각합니다.
그 의견들 충분히 경청해서 국정에 반영하고 참고하겠습니다.

— 2019년 11월 19일, 문재인 대통령이 서울 상암동 MBC에서 열린 〈2019 국민과의 대화, 국민이 묻는다〉 종료 후
시간 관계상 받지 못한 질문지를 전달받고 있다.

일찍부터 아세안의 나라들은 상생을 미덕으로 삼는 '아시아의 정신'을 밑바탕에 두고
대화를 통해 해법을 찾아가고 있습니다. 21세기는 아시아의 지혜로 인류에게 희망을 줄 수 있을 것입니다.

– 2019년 11월 24일, 한·아세안 특별정상회의 참석차 방한한 하사날 볼키아 브루나이 국왕 공식환영식에 초청받은 어린이들과 함께

아세안의 나라들은 고유한 문화를 간직하며 자신의 방식대로 한발 한발 성장하길 원합니다.
강대국들 사이에서 정체성을 지키며, 경제성장과 민주주의를 동시에 이룬
한국의 경험이 아세안에게 매력적인 이유입니다.

– 2019년 11월 26일 부산 벡스코 컨벤션홀, 2019 한·아세안 특별정상회의 공동언론발표

땅과 바다에 흘리는 농어민의 땀은 정직합니다.
자연의 섭리를 거스르지 않는 농어민의 삶은 숭고합니다.
정부의 농어업 정책은 농어민의 정직함과 숭고함에 대답해야 합니다.

– 2019년 12월 12일 전북 전주시 농수산대학교, 농정틀 전환을 위한 2019 타운홀미팅 보고대회

우리에게는 큰 재난에 자발적으로 나서는 따뜻한 국민이 있습니다. 나눔의 문화가 있습니다.
어려운 이웃들을 세심하게 돌보는 것은 국가가 해야 할 일인데,
그 손길이 미치지 못하는 부분을 채워주시는 국민들께 감사드립니다.

– 2019년 12월 20일 청와대, 문재인 대통령과 부인 김정숙 여사가 사랑의열매 모금함에 성금을 넣고 있다.

외국에 나가거나 외국 정상들을 만날 때면 어깨가 으쓱해집니다.
대한민국을 자랑스러운 나라로 빛내주신 문화예술인 여러분께 정말 깊은 존경과 감사의 말씀을 드립니다.

– 2020년 1월 8일 서울 서초구 예술의전당, 문화예술인 신년인사회

소통, 협치, 통합, 이런 것이 참으로 절실한데 우리 현실은 거꾸로 가고 있어서 안타까운 마음입니다.

물론 대통령으로서의 책임이 상당합니다. 책임을 미루려는 뜻은 없습니다.

협치를 위해, 국민과의 소통을 위해 더 많이 노력하겠습니다.

— 2020년 1월 14일 청와대 영빈관, 2020년 신년 기자회견

공무원은 국민들에게 봉사하는 것이 보람되고 기쁘니까 공직을 선택한 사람들입니다.
국민들에게 웃음과 희망을 주는 일에, 젊은 공직자들이 주역이 되어 주십시오.

_ 2020년 1월 21일 정부세종청사 구내식당, 문재인 대통령이 신임 공무원들과 점심을 함께 하고 있다.

부모에게 감사하는 마음이 차례상처럼 넉넉하고, 자식 사랑이 떡국처럼 배부른 설날입니다.
편안하고 안전한 명절을 위해 묵묵히 일터를 지키고 계신 분들의 노고도 잊지 않겠습니다.

_ 2020년 1월 23일, 설 명절을 앞둔 농협 농수산물유통센터에서 판매 직원들과 인사하며

한국 국민들은 공정하고 깨끗한 사회를 열망하고 있습니다.
우리 정부는 그 열망에 의해서 탄생했다고 말할 수 있습니다.
한국은 반부패와 공정을 제도화하여 진실되고 투명한 세계의 건설에 기여할 수 있게 되기를 희망합니다.

_ 2020년 2월 5일 청와대, 위겟 라벨르 국제반부패회의(IACC) 의장을 접견하며

'우리가 같은 국민이다'라는 마음으로 교민들을 품어주신 국민들이 계셨기에
"그래, 저래서 국가가 존재하는 것이다"라는 자부심과 감동을 느낄 수 있었습니다. 감사합니다.

– 2020년 2월 9일 충남 아산시 온양온천 전통시장에서 상인들과 함께

정부는 국민들이 과도한 불안감을 떨쳐내고 일상생활로 돌아올 수 있도록,
우리 경제가 활력을 되찾을 수 있도록 총력을 다하겠습니다.

– 2020년 2월 12일, 남대문 시장에서 시민들과 인사하며

전통시장이 갈수록 어려워지고 있는데, 그런 와중에 더 큰 타격을 지금 받고 있습니다.
다 힘든 시기지만 정부가 최대한 노력할 테니 힘을 모아서 어려움을 극복해 나갔으면 좋겠습니다.

— 2020년 2월 12일, 남대문 시장 상인들과의 신종 코로나바이러스 관련 오찬 간담회

영화 '기생충'에서 보여준 그 사회의식에 대해서 아주 깊이 공감을 합니다.
전 세계적으로 불평등이 하도 견고해져서 마치 새로운 계급처럼 느껴질 정도가 되었습니다.
그런 불평등이 해소되도록, 그저 선한 의지로서가 아니라 제도화되도록, 정부가 노력하겠습니다.

_ 2020년 2월 20일 청와대에서 열린 영화 '기생충' 제작진 및 배우 초청 오찬에서

정부와 국회가 함께 힘을 모은다면 사태 해결과 경제 회복이 앞당겨질 것입니다.
국민들께 희망을 드릴 수 있도록 함께 노력해 나갑시다.

_ 2020년 2월 28일, 문재인 대통령이 국회에서 문희상 의장과 면담 뒤 여야 정당대표를 만나기 위해 사랑재로 이동하고 있다.

우리는 국가적 위기와 재난을 맞이할 때마다 '3·1독립운동의 정신'을 되살려냈습니다.

억압을 뚫고 희망으로 부활한 3·1독립운동의 정신이 지난 100년, 우리에게 새로운 시대를 여는 힘이 되었듯,

우리는 반드시 코로나19를 이기고 경제를 더욱 활기차게 되살려낼 것입니다.

– 2020년 3월 1일 종로구 배화여고, 문재인 대통령 내외가 3·1절 기념식 참석자들과 함께 만세삼창을 하고 있다.

조국의 하늘은 광활합니다.
대한민국의 미래는 창창하며 여러분의 앞길에도 무궁무진한 기회가 열려 있습니다.
우리들의 꿈은 드넓은 하늘을 거침없이 누비고, 평화의 한반도를 우리 손으로 만들어내는 것입니다.

– 2020년 3월 4일, 청주 공군사관학교 졸업 및 임관식에서

우리 사회에는 선한 사람이 많습니다.

자신의 이익을 먼저 생각하지 않는 선한 마음들이 희망을 키워줍니다.

돈이나 물품이 아니어도 괜찮습니다. 마음으로 서로를 껴안아 주신다면 그것이 바로 희망입니다.

– 2020년 3월 6일, 문재인 대통령이 마스크 생산업체를 방문해서 마스크 원자재 창고를 둘러보고 있다.

국가재난 대응을 위해 온 힘을 다해 협조해주신 수많은 분들의 노고를 기억하겠습니다.

함께 이겨냅시다. 우리는 할 수 있습니다.

_ 2020년 3월 6일, 마스크 생산업체를 방문해서 직원들을 격려하며

경찰은 힘들고 어려운 임무를 자부심으로 이겨갑니다.
제복을 벗는 그 날까지 국민의 친구이자 이웃의 영웅으로 함께할 수 있도록
경찰 자신의 생명과 안전을 지키는 데에도 최선을 다하겠습니다.

_ 2020년 3월 12일, 문재인 대통령이 충남 아산시 경찰대학에서 열린 신임경찰 임용자들로부터 경례를 받고 있다.

코로나19 바이러스를 압도하는 희망 바이러스가 필요합니다.
코로나19 바이러스 못지않게 기승을 부리는 불안 바이러스도 막아내야 합니다.
생각보다 더 많은 시간이 걸릴지도 모릅니다. 모두들 지치지 말아야겠습니다.

_ 2020년 3월 16일 서울시청, 코로나19 대비 서울시 재난안전대책본부 상황실에서 직원들을 격려하며

사람의 진면목은 위기의 순간 알 수 있고,

국가의 진짜 역량도 어려움에 처할 때 드러납니다.

위기를 기회로 만들고 글로벌 공조에서도 새로운 모범을 함께 만들어 갑시다.

_ 2020년 3월 25일, 코로나19 진단시약 긴급사용 승인 기업 대표들과의 간담회 모습

평화를 위해 동백꽃처럼 쓰러져간 제주가 평화를 완성하는 제주로 부활하길 희망합니다.

희생자들이 남긴 인권과 화해, 통합의 가치를 가슴 깊이 새깁니다.

제주는 이제 외롭지 않습니다.

오늘 우리가 심는 한 그루 한 그루 나무들이
산불 때문에 황폐화된 강원도를 다시 푸르게 만들기를 희망합니다. 고맙습니다.

– 2020년 4월 5일, 식목일을 맞아 1년 전 대형 산불로 피해를 보았던 주민들과 인사하며

한국은 일제강점기와 한국전쟁을 거치면서 아주 황폐화됐던 민둥산들을 빠른 시일 내에
아주 푸른 산림으로 바꿔내기에 성공한 세계에서 유일한 나라입니다.
이제는 질적인 면에서도 산림 선진국이 되도록 함께 노력합시다.

_ 2020년 4월 5일, 문재인 대통령 내외가 1년 전 대형 산불로 피해를 본 강원도 재조림지에 금강소나무를 심고 있다.

여러분의 노고와 사명감을 잘 알고 있습니다.

여러분이 연구와 개발에 전념할 수 있도록 돕는 것이

우리 국민과 인류의 생명을 구하는 길이라는 자세로 정부도 총력을 다하겠습니다.

_ 2020년 4월 9일 한국파스퇴르연구소, 신종 코로나바이러스 감염증(코로나19) 치료제 백신 계발 산업계·학계·연구소·의료계 합동회의에 앞서
문재인 대통령이 연구시설에서 선임연구원으로부터 화합물 처리 과정에 대한 설명을 듣고 있다.

국민들께서 선거를 통해 보여주신 것은 간절함이었다고 생각합니다.
그 간절함이 국난 극복을 위해 사력을 다하고 있는 정부에게 힘을 실어주셨습니다.
겪어보지 못한 국가적 위기에 맞서야 하지만 국민을 믿고 담대하게 나아가겠습니다. 그리고 반드시 이겨내겠습니다.

_ 2020년 4월 10일 서울 종로구 삼청동 주민센터, 문재인 대통령과 부인 김정숙 여사가 제21대 국회의원 선거 사전투표를 하고 있다.

정부는 3·1독립운동의 유산과 임시정부의 정신이 오늘에 살아 있게 하고,
우리 미래세대들이 새로운 역사의 당당한 주역이 될 수 있도록
독립운동의 역사를 기리고 알리는 일을 잠시도 멈추지 않겠습니다.

— 2020년 4월 11일 서울 서대문독립공원 어울쉼터, 제101주년 대한민국임시정부 수립 기념식에서

광복이 우리의 힘으로 이뤄졌다는 것을 2021년 완공될
국립 대한민국 임시정부 기념관에 영원히 새길 것입니다.
친일이 아니라 독립운동이 우리 역사의 주류였음을 확인하게 될 것입니다.

_ 2020년 4월 11일 서울 서대문독립공원 어울쉼터, 제101주년 대한민국임시정부 수립 기념식 및 기념관 기공식에서

역경에 굴하지 않았던 숭고한 애국심의 바탕에는 평범한 이들이 보여준 용기에 대한 믿음과 사랑이 있었고,
불의에 당당히 맞서는 인간의 위대함이 있었습니다.
장구한 세월 나라의 독립을 위해 평생을 바친 임시정부의 선열들께 다시 한 번 깊은 경의를 표합니다.

– 2020년 4월 11일 서울 서대문독립공원 어울쉼터, 제101주년 대한민국임시정부 수립 기념식에서

저는 오늘 '알헤시라스'호의 첫 항해를 축하하면서 선장님께 우리의 전통나침반 '윤도'를 드립니다.
나침반이 가리키는 혁신의 길을 향해 우리 해운산업이 꾸준히 발전해가길 희망합니다.

— 2020년 4월 23일 경남 거제시 대우조선해양 옥포조선소, 세계 최대 컨테이너선 '알헤시라스'호 명명식에서

의료진 덕분에, 소중한 생명이 지켜지고 있습니다.
의료진 덕분에, 방역 모범국가라는 세계의 평가가 가능했습니다.
의료진 덕분에, 서서히 일상을 준비하게 되었습니다.
의료진 여러분의 헌신에 존경과 감사를 표합니다.

— 2020년 4월 27일, 문재인 대통령이 청와대 수석·보좌관 회의를 주재하기에 앞서
의료인에게 고마움을 전하는 '덕분에 챌린지'에 참여하고 있다.

#의료진덕분에  #국민덕분에

덕분에

무엇보다도 빠른 정부가 되어야 합니다.
대책의 시간을 끌수록 피해가 커지고, 국민과 기업의 어려움이 가중됩니다.
전례 없는 위기 상황에 과감하게 결정하고, 빠르고 정확하게 집행해야 합니다.

_ 2020년 4월 28일 오전 청와대 국무회의

사측은 무급휴직이나 연차휴가를 강제하지 않고 휴업으로 일자리를 보전했으며,
노조는 노동쟁의 대신 협력적 노사관계에 합의했습니다.
구조조정 대신 고용 유지로 일자리를 함께 지키자는 결의를 다졌습니다.
정부도 함께하겠습니다. 함께하면 이겨낼 수 있습니다.

_ 2020년 4월 29일 서울 광진구 워커힐 호텔, 코로나19 극복 고용유지 현장간담회

"애들아 조금만 기다려. 곧 만날 수 있어"라며 제자들을 응원하고, 그리움을 달래온 스승들께
깊은 위로와 감사의 마음을 전합니다. 학교는 우리의 미래가 태어나는 곳입니다.
전국 학교 곳곳, 맑은 햇살과 깨끗한 공기 속에서 제자들과 함께하는 대화와 웃음이 가득하길 기원합니다.

_ 2020년 5월 8일, 등교 개학을 앞둔 고등학교를 방문해서 급식실을 점검하며

거리두기 속에서 다른 사람을 배려하는 것이 나 자신을 위한 일이라는 것을 학생들이 잘 이해하고,
또 체감했으면 좋겠습니다. 새 학교, 새 학년의 설렘을 주지 못한 것이 안타깝지만
특별한 경험이 특별한 추억이 되도록 함께 노력합시다.

— 2020년 5월 8일, 문재인 대통령이 등교 개학을 앞둔 고등학교를 방문해서 학생들에게 메시지를 남기고 있다.

정상적인 개학이 늦어지면서 낯선 생활을 하게 되었는데 그동안 학부모님들, 또 학생들 모두 잘 견뎌주셨습니다.
낯선 방식의 교육을 하면서도 교육 현장을 지켜 주시고, 또 지역사회 감염을 막기 위해 노력해 주신
선생님들, 학생, 학부모님들께 감사드립니다.

– 2020년 5월 8일, 문재인 대통령이 실시간 온라인 수업 중인 학생들과 대화하고 있다.

우리는 할 수 있습니다. 대한민국은 이 위기를 이겨낼 수 있습니다.
다만, 실기하지 말아야 합니다. 과감해야 합니다. 치밀하고 섬세해야 합니다.
정부와 국회가 협력하여, 국난 극복의 의지를 모으고 있는 국민들께 화답합시다.

– 2020년 5월 12일 청와대 국무회의에서

# 대통령 문재인의 3년 화보집

초판 1쇄 펴낸 날  2020년 5월 30일

엮 은 이   편집부
펴 낸 이   장영재
펴 낸 곳   (주)미르북컴퍼니
자 회 사   더스토리
전   화   02)3141−4421
팩   스   02)3141−4428
등   록   2012년 3월 16일 (제313-2012-81호)
주   소   서울시 마포구 성미산로32길 12, 2층 (우 03983)
E−mail   sanhonjinju@naver.com
카   페   cafe.naver.com/mirbookcompany

(주)미르북컴퍼니는 독자 여러분의 의견에
항상 귀 기울이고 있습니다.

파본은 책을 구입하신 서점에서 교환해 드립니다.
책값은 뒤표지에 있습니다.